Recetas Rápidas y Sabrosas de la Dieta Dash

Una guía para principiantes para reducir la presión arterial cocinando con recetas rápidas y fáciles.

Plan de alimentación de 7 días para prevenir la hipertensión.

Sally Plancha

THE DASH DIET

Índice

Magdalenas de vainilla con glaseado de canela y caramelo

Tiempo de preparación: 10 minutos
Tiempo de cocción: 18 minutos
Porciones: Una docena
Ingredientes:

- 11/2 tazas de harina blanca de trigo integral

- 3/4 de taza de azúcar

- 3/4 de cucharadita de polvo de hornear sin sodio

- 1/2 cucharadita de bicarbonato de sodio libre.

- 1 taza de leche no láctea

- 6 cucharadas de aceite de canola

- 1 cucharada de vinagre de sidra de manzana

- 1 cucharada de extracto puro de vainilla

Escarcha:

- 2 tazas de azúcar en polvo

- 1/3 taza de cacao en polvo sin azúcar

- 4 cucharadas de manteca vegetal no hidrogenada

- 4 cucharadas de leche no láctea

- 1 cucharadita de canela molida

- 1 cucharadita de extracto puro de vainilla

Instrucciones:

1. Caliente el horno a 350 F. Forre una lata de 12 magdalenas con forros de papel y déjela a un lado. Mezclar o combinar la harina, el azúcar, el polvo de hornear y el bicarbonato de sodio en un tazón para mezclar. Agregue el resto de la masa fijada y revuelva sólo hasta que se combine.

2. Dividir la masa en partes iguales entre las tazas de panecillos y hornear en 18 minutos. Quítenla y pónganla en una rejilla de alambre para que se enfríe. Bata hasta que los ingredientes de la masa se esponjen en un tazón. Escarchar los pastelitos. Servir inmediatamente.

Nutrición:

Calorías: 347

Grasa: 7 g

Proteína: 13 g

Sodio: 46 mg

Fibra: 4 g

Hidratos de carbono: 60 g

Azúcar: 3 g

Magdalenas de chocolate con glaseado de vainilla

Tiempo de preparación: 15 minutos
Tiempo de cocción: 20 minutos
Porciones: 12
Ingredientes:

- 11/2 tazas de harina blanca de trigo integral

- 1 taza de azúcar

- 2 cucharaditas de bicarbonato de sodio libre.

- 1/4 de taza de cacao en polvo sin azúcar

- 1 taza de agua

- 4 cucharadas de aceite de canola

- 4 cucharadas de compota de manzana sin endulzar

- 1 cucharada de extracto puro de vainilla

- 1 cucharadita de vinagre blanco destilado

Escarcha:

- 11/2 tazas de azúcar en polvo

- 4 cucharadas de manteca vegetal no hidrogenada

- 21/2 cucharadas de leche no láctea

- 1 cucharada de extracto puro de vainilla

Instrucciones:

1. Calienta el horno a 350°F. Prepare una lata de 12 magdalenas con forros de papel y déjela a un lado. Mida la harina, el azúcar y el bicarbonato de sodio en un tazón para mezclar y bata bien para combinar. Ponga el resto de los ingredientes de la masa y revuélvalos hasta que se combinen.

2. Divide la masa de manera uniforme en las tazas de panecillos. Hornee en 20 minutos o hasta que un palillo insertado en el centro de las magdalenas salga limpio.

3. Quítalo y ponlo en un estante de alambre para que se enfríe. Mezclar el glaseado en un tazón limpio, y luego glasear las magdalenas. Servir inmediatamente.

Nutrición:

Calorías: 272

Grasa: 9 g

Proteína: 2 g

Sodio: 2 mg

Fibra: 1 g

Hidratos de carbono: 45 g

Azúcar: 32 g

Galletas con chispas de chocolate, plátano y magdalenas.

Tiempo de preparación: 15 minutos
Tiempo de cocción: 15 minutos
Porciones: 16
Ingredientes:

- 1 taza de avena rápida

- 1 taza de harina blanca de trigo integral

- 1/4 de taza de azúcar

- 1 cucharada de polvo de hornear sin sodio

- 1 cucharadita de canela molida

- 3 plátanos medianos maduros, machacados

- 4 cucharadas de aceite de canola

- 1 cucharada de extracto puro de vainilla

- 3/4 de taza de chispas de chocolate

Instrucciones:

1. Precalentar el horno a 350°F. Ponga a un lado una hoja para hornear con papel de pergamino. Mida la avena, la harina, el azúcar, el polvo de hornear y la canela en un tazón para mezclar y bata. Poner el resto de la fijación y remover sólo hasta que se combinen.

---

2. Usando una cuchara de helado de tamaño medio, coloca la masa en la bandeja de hornear preparada, dejando una pulgada o dos entre las galletas. Hornee en 15 minutos. Quítenla y pónganla en una rejilla de alambre para enfriarla. Servir inmediatamente.

Nutrición:
Calorías: 150
Grasa: 6 g
Proteína: 2 g
Sodio: 0 mg
Fibra: 1 g
Hidratos de carbono: 23 g
Azúcar: 10 g

Galletas de limón

Tiempo de preparación: 15 minutos
Tiempo de cocción: 10 minutos
Porciones: 36
Ingredientes:

- 21/2 tazas de harina blanca de trigo integral

- 11/2 tazas de azúcar

- 1 cucharada de polvo de hornear sin sodio

- 3/4 de taza de aceite de canola

- 2 limones grandes, jugo y cáscara rallada

- 1 cucharada de extracto puro de vainilla

Instrucciones:

1. Precalentar el horno a 350°F. Mezclar la harina, el azúcar y el polvo de hornear en un tazón para mezclar. Ponga el resto de la fijación y revuelva para formar una masa rígida.

2. Ponga las cucharadas redondas en una bandeja de hornear sin engrasar. Hornee en 10 minutos. Retire, luego deje enfriar en la hoja por unos minutos antes de transferirla a un estante de alambre para enfriar completamente. Servir inmediatamente.

Nutrición:
Calorías: 106
Grasa: 5 g
Proteína: 1 g

Sodio: 0 mg
Fibra: 0 g
Hidratos de carbono: 15 g
Azúcar: 8 g

Rubias de mantequilla de cacahuete y chips de chocolate

Tiempo de preparación: 15 minutos
Tiempo de cocción: 20 minutos
Porciones: 24
Ingredientes:

- 1/4 de taza de mantequilla de cacahuete sin sal

- 3/4 de taza de azúcar moreno claro

- 1/2 taza de compota de manzana sin azúcar

- 1/4 de taza de aceite de canola

- 2 claras de huevo

- 1 cucharada de extracto puro de vainilla

- 2 cucharaditas de polvo de hornear sin sodio

- 1 taza de harina multiusos sin blanquear

- 1/2 taza de harina blanca de trigo integral

- 1/2 taza de chispas de chocolate semidulce

Instrucciones:

1. Precaliente el horno a 400°F. Engrasar y enharinar un molde de hornear de 9 x 13 pulgadas y dejarlo a un lado. Mida la mantequilla de maní, el azúcar, la compota de manzana, el aceite, las claras de huevo y la

vainilla en un tazón para mezclar y revuelva bien para combinar.

2. Añadir el polvo de hornear y mezclar. Añada gradualmente las harinas, removiendo bien. Doblar las pepitas de chocolate. Esparcir la masa en la sartén preparada y alisarla hasta que quede uniforme.

3. Hornea dentro de 20 minutos. Quítalo y déjalo enfriar. Enfriar antes de cortar en barras y servir.

Nutrición:

Calorías: 18

Grasa: 5 g

Proteína: 2 g

Sodio: 7 mg

Fibra: 1 g

Hidratos de carbono: 17 g

Azúcar: 10 g

Ginger Snaps

Tiempo de preparación: 15 minutos
Tiempo de cocción: 10 minutos
Porciones: 18
Ingredientes:

- 4 cucharadas de mantequilla sin sal

- 1/2 taza de azúcar moreno ligero

- 2 cucharadas de melaza

- 1 clara de huevo

- 21/2 cucharaditas de jengibre molido

- 1/4 de cucharadita de pimienta inglesa molida

- 1 cucharadita de bicarbonato de sodio libre.

- 1/2 taza de harina multiusos sin blanquear

- 12 taza de harina blanca de trigo integral

- 1 cucharada de azúcar

Instrucciones:

1. Calienta el horno a 375°F. Ponga a un lado una hoja para hornear con papel de pergamino. Ponga la mantequilla, el azúcar y la melaza en un tazón para mezclar y bata bien.

2. Mezcla la clara de huevo, el jengibre y la pimienta. Mezclar el bicarbonato de sodio, luego poner las harinas, luego batir.

3. Enrollar la masa en pequeñas bolas. Poner las bolas en una bandeja de hornear preparada y presionar con un vaso mojado en la cucharada de azúcar.

4. Una vez que el vidrio presione la masa, se humedecerá lo suficiente para cubrirla con azúcar. Hornee en 10 minutos. Deje que se enfríe y luego sirva.

Nutrición:

Calorías: 81

Grasa: 2 g

Proteína: 1 g

Sodio: 6 mg

Fibra: 0 g

Hidratos de carbono: 14 g

Azúcar: 8 g

Galletas de zanahoria y pastel

Tiempo de preparación: 15 minutos
Tiempo de cocción: 12 minutos
Porciones: 36
Ingredientes:

- 3 zanahorias medianas, ralladas

- 11/2 tazas de harina blanca de trigo integral

- 3/4 de taza de harina de avena

- 3/4 de taza de azúcar moreno claro

- 1 clara de huevo

- 1/3 taza de aceite de canola

- 1 cucharada de extracto puro de vainilla

- 1 cucharadita de polvo de hornear sin sodio

- 11/2 cucharaditas de canela molida

- 1/2 cucharadita de nuez moscada molida

- 1/4 de cucharadita de jengibre molido

- 1/8 de cucharadita de clavos molidos

Instrucciones:

1. Precalentar el horno a 375°F. Prepare y forre una hoja para hornear con papel pergamino y déjela a un lado.

Coloca todos los ingredientes en un tazón para mezclar y revuelve bien para combinarlos. La masa estará bastante pegajosa.

2. Ponlo en una bandeja de hornear forrada. Hornee en 12 minutos. Retire, y luego transfiera las galletas a un estante de alambre para que se enfríen. Almacenar en un contenedor hermético.

Nutrición:

Calorías: 67

Grasa: 2 g

Proteína: 1 g

Sodio: 7 mg

Fibra: 0 g

Hidratos de carbono: 10 g

Azúcar: 4 g

Galletas de avena y pasas con calabaza masticable

Tiempo de preparación: 15 minutos
Tiempo de cocción: 16 minutos
Porciones: 48
Ingredientes:

- 1 taza de puré de calabaza

- 12/3 tazas de azúcar

- 2 cucharadas de melaza

- 11/2 cucharaditas de extracto puro de vainilla

- 2/3 de taza de aceite de canola

- 1 cucharada de linaza molida

- 2 cucharaditas de Ener-G sustituto de bicarbonato de sodio

- 1 cucharadita de canela molida

- 1/2 cucharadita de nuez moscada molida

- 1 taza de harina multiusos sin blanquear

- 1 taza de harina blanca de trigo integral

- 11/3 tazas de copos de avena enrollados o rápidos

- 1 taza de pasas sin semillas

Instrucciones:

1. Precalentar el horno a 350°F. Rocíen ligeramente con aceite las dos bandejas de hornear y déjenlas a un lado. Mida los ingredientes en un tazón grande y revuélvalos con una espátula de goma.

2. La cucharada de helado retráctil funciona de maravilla aquí y se coloca en las bandejas de hornear preparadas.

3. Ponga las sábanas en la rejilla del medio en el horno y hornee 16 minutos. Retira, y luego transfiere las galletas a una rejilla de alambre para que se enfríen. Repita el proceso con la masa restante. Enfríenlas y sírvanlas.

Nutrición:
Calorías: 97
Grasa: 3 g
Proteína: 1 g
Sodio: 1 mg
Fibra: 0,6 g
Hidratos de carbono: 16 g
Azúcar: 9 g

Fácil Manzana Crujiente

Tiempo de preparación: 15 minutos
Tiempo de cocción: 25 minutos
Porciones: 8
Ingredientes:

- 6 manzanas medianas

- 1 cucharada de jugo de limón

- 1/3 de taza de azúcar

- 1/2 taza de avena enrollada o rápida

- 1/2 taza de harina blanca de trigo integral

- 1/2 taza de azúcar moreno ligero

- 1 cucharada de extracto puro de vainilla

- 1 cucharadita de canela molida

- 1/2 cucharadita de jengibre molido

- 3 cucharadas de mantequilla sin sal

Instrucciones:

1. Precaliente el horno a 425°F. Saca un molde de 2 cuartos de galón y déjalo a un lado. Cortar cada manzana en 16 cuñas. Poner en un tazón de mezcla, colocar el jugo de limón y el azúcar, y mezclar bien para cubrir.

2. Ponga la masa en la bandeja de hornear y déjela a un lado. Coloca la avena, la harina, el azúcar, la vainilla y las especias en un tazón y revuelve para combinar.

3. Cortar la mantequilla en la mezcla con las manos y procesarla hasta que se haya formado una miga húmeda. Espolvorea la mezcla sobre la fruta. Hornee en 25 minutos. Retire, luego deje que se enfríe y sirva.

Nutrición:

Calorías: 232

Grasa: 5 g

Proteína: 2 g

Sodio: 5 mg

Fibra: 2 g

Hidratos de carbono: 46 g

Azúcar: 34 g

Desmoronamiento del mango

Tiempo de preparación: 15 minutos
Tiempo de cocción: 25 minutos
Porciones: 8
Ingredientes:

- 2 mangos apenas maduros

- 2 cucharadas de azúcar moreno claro

- 1 cucharada de maicena

- 11/2 cucharaditas de jengibre fresco picado

- 1/2 taza de harina multiusos sin blanquear

- 1/2 taza de harina blanca de trigo integral

- 1/2 taza de azúcar

- 1 cucharadita de canela molida

- 1/4 de cucharadita de jengibre molido

- 3 cucharadas de mantequilla sin sal

Instrucciones:
1. Precalentar el horno a 375°F. Saca un molde de 8 pulgadas cuadradas y déjalo a un lado. Pele los mangos y córtelos en trozos de 1 pulgada. Colóquelos en un tazón para mezclar.

2. Añade el azúcar moreno, la maicena y el jengibre picado y mézclalo para cubrirlo. Ponga la masa en el molde de hornear y extiéndala hasta que quede uniforme. En otro tazón, bata las harinas, el azúcar, la canela y el jengibre.

3. Corta la mantequilla en trozos, y ponla en el tazón. Trabaja la mantequilla en la mezcla usando tus manos hasta que se parezca a la arena húmeda y se pegue al apretarla. Espolvorea la mezcla uniformemente sobre la fruta.

4. Hornea en 25 minutos, hasta que la fruta esté tierna. Quítenla y pónganla en una rejilla de alambre para que se enfríe. Servir caliente o frío.

Nutrición:

Calorías: 190

Grasa: 5 g

Proteína: 3 g

Sodio: 3 mg

Fibra: 2 g

Hidratos de carbono: 37 g

Azúcar: 23 g

Helado de plátano casero

Tiempo de preparación: 5 minutos

Tiempo de cocción: 0 minutos

Porciones: 4

Ingredientes:

- 4 plátanos maduros

Instrucciones:

1. Ponga los plátanos en el congelador y congélelos hasta que estén sólidos. Saque los plátanos del congelador, pélelos y córtelos en trozos. Ponga los trozos en una licuadora o procesador de alimentos. Saque la mezcla y sírvala inmediatamente.

Nutrición:

Calorías: 105

Grasa: 0 g

Proteína: 1 g

Sodio: 1 mg

Fibra: 3 g

Hidratos de carbono: 26 g

Azúcar: 14 g

Kugel de manzana de Karen

Tiempo de preparación: 15 minutos
Tiempo de cocción: 25 minutos
Porciones: 8
Ingredientes:

- 3 hojas de matzo sin sal

- 2 tazas de agua

- 4 manzanas verdes agrias

- 1 cucharada de jugo de limón recién exprimido

- 3 cucharadas de mantequilla sin sal, derretida

- 1/4 de taza de azúcar moreno

- 1/2 taza de pasas sin semillas

- 3 claras de huevo

- 11/2 cucharaditas de canela molida

Instrucciones:

1. Precaliente el horno a 400°F. Saquen un molde de 8 x 11 pulgadas y déjenlo a un lado. Coloca el matzo en una bandeja de hornear de 8 pulgadas cuadradas. Vierte el agua en el molde y déjalo a un lado para rehidratarlo.

2. Pele las manzanas, el corazón y córtelas en cuartos. Cortar cada cuarto en forma transversal en tercios y

luego en forma longitudinal en rodajas de no más de 1/4 de pulgada de grosor. Transfiera las manzanas a un tazón de mezcla.

3. Revisa el matzo. Cuando esté blando, drene el matzo y exprima el exceso de agua. Coloca el matzo en el tazón de mezclar. Ponga el resto de la fijación y revuelva bien para combinar.

4. Vierte la mezcla en la bandeja de hornear de 8 x 11 pulgadas. Hornee en 25 minutos. Retirar del horno. Colóquelo en una rejilla de alambre para que se enfríe. Cortar en porciones y servir caliente o frío.

Nutrición:
Calorías: 181
Grasa: 4 g
Proteína: 3 g
Sodio: 24 mg
Fibra: 2 g
Hidratos de carbono: 34 g
Azúcar: 21 g

Peach Cobbler

Tiempo de preparación: 15 minutos
Tiempo de cocción: 25 minutos
Porciones: 8
Ingredientes:

- 6 melocotones maduros, pelados y cortados en rodajas

- 3 cucharadas de azúcar

- Jugo de 1 limón fresco

- 11/4 tazas de harina sin blanquear para todo uso

- 1/2 taza de harina blanca de trigo integral

- 2/3 de taza de azúcar

- 1 cucharadita de polvo de hornear sin sodio

- 4 cucharadas de mantequilla sin sal, derretida y enfriada

- 1 clara de huevo

- 1/2 taza de leche baja en grasa

- 1 cucharada de extracto puro de vainilla

Instrucciones:

1. Precaliente el horno a 425°F. Saquen un molde de 9 x 13 pulgadas y déjenlo a un lado. Poner los melocotones en rodajas en un tazón de mezcla, poner el azúcar y el

jugo de limón, y mezclar bien para cubrir. Páselos a la bandeja de hornear. Poner a un lado.

2. Mezcla las harinas, el azúcar y el polvo de hornear en un tazón para mezclar. Añade la mantequilla derretida, la clara de huevo, la leche y la vainilla y revuelve bien para combinar. Ponga la masa sobre los melocotones en rodajas.

3. Ponga la bandeja de hornear en la rejilla central del horno, y hornee durante 25 minutos. Saque el plato del horno y colóquelo en una rejilla de alambre para que se enfríe. Servir caliente o frío.

Nutrición:
Calorías: 273
Grasa: 6 g
Proteína: 5 g
Sodio: 15 mg
Fibra: 3 g
Hidratos de carbono: 50 g
Azúcar: 28 g

Tarta de pudín de arándanos

Tiempo de preparación: 15 minutos
Tiempo de cocción: 25 minutos
Porciones: 6
Ingredientes:

- 3 tazas de arándanos

- 3/4 de taza de azúcar, dividida

- 1 cucharada de jugo de limón recién exprimido

- 6 cucharadas de mantequilla sin sal, ablandada

- 2 cucharaditas de extracto puro de vainilla

- 1 cucharadita de cáscara de limón recién rallada

- 1 clara de huevo

- 11/2 cucharaditas de polvo de hornear sin sodio

- 2 cucharadas de leche baja en grasa

- 2/3 taza de harina blanca de trigo integral

Instrucciones:

1. Precaliente el horno a 400°F. Engrasar ligeramente con aceite una bandeja de horno de 8 pulgadas cuadradas y dejarla a un lado. Coloca los arándanos en un tazón para mezclar. Añada 1/4 de taza de azúcar y el jugo de limón y mézclelos bien para cubrirlos.

2. Vierta las bayas en el molde de hornear preparado, colóquelas en la rejilla central del horno y hornee durante 5 minutos. Sáquelas del horno y déjelas a un lado. Coloca la mantequilla y la 1/2 taza de azúcar restante en un tazón para mezclar y bate para combinar.

3. Añade la vainilla, la cáscara de limón y la clara de huevo y mézclalo bien. Añade el polvo de hornear y la leche y revuelve. Poco a poco añada la harina, mezclando hasta que se mezcle.

4. Vierta la masa sobre los arándanos cocidos. Hornee en 20 minutos, hasta que se doren. Sirva caliente o frío.

Nutrición:

Calorías: 300

Grasa: 12 g

Proteína: 2 g

Sodio: 14 mg

Fibra: 2 g

Hidratos de carbono: 46 g

Azúcar: 32 g

Pudín de arroz vegetariano

Tiempo de preparación: 15 minutos
Tiempo de cocción: 20 minutos
Porciones: 8
Ingredientes:

- Un cuarto de leche no láctea de vainilla

- 1 taza de arroz basmati o jazmín, enjuagado

- 1/4 de taza de azúcar

- 1 cucharadita de extracto puro de vainilla

- 1/8 de cucharadita de extracto de almendra pura

- 1/2 cucharadita de canela molida

- 1/8 de cucharadita de cardamomo molido

Instrucciones:

1. Mezcle todos los accesorios en una cacerola y revuelva bien para combinarlos. Poner a hervir a fuego medio-alto. Ajustar el fuego a bajo y cocer a fuego lento, revolviendo muy frecuentemente, unos 15-20 minutos. Retirar del fuego y enfriar. Servir espolvoreado con canela molida adicional si se desea.

Nutrición:
Calorías: 148
Grasa: 2 g

Proteína: 4 g

Sodio: 48 mg

Fibra: 1 g

Hidratos de carbono: 26 g

Azúcar: 10 g

Batido de remolacha y bayas

Tiempo de preparación: 5 minutos
Tiempo de cocción: 0 minutos
Porciones: 1
Ingredientes:

- 1/2 taza de jugo de piña

- 1/2 taza de yogur de vainilla bajo en grasa

- 1/2 taza de fresas congeladas

- 1/4 de taza de arándanos congelados

- 1/4 de taza de remolacha (pelada, lavada y cortada)

Instrucciones:

1. Combine todos los ingredientes en una licuadora y mezcle hasta obtener un puré suave. Servir frío.

Nutrición:
Calorías 218 g
Grasa 1,9 g
Hidratos de carbono 40,7 g
Proteína 8,4 g
Sodio - 121 mg

Explosión de bayas

Tiempo de preparación: 15 minutos

Hora de cocinar: 40 minutos

Porciones: 1

Ingredientes:

- 4 tazas de arándanos (2 tazas frescas y 2 tazas congeladas)

- 1 taza de copos de avena

- 1 cucharadita de canela

- 2 cucharadas de harina para todo uso

- 2 cucharaditas de mantequilla sin sal

- 1 cucharada de jarabe de arce

Instrucciones:

1. Cubra un molde con spray de cocina y déjelo a un lado. Ponga los arándanos en el plato de la tarta. Precaliente el horno a 250 grados Fahrenheit.

2. Combinar la harina, la mantequilla, la avena, el jarabe de arce y la canela en un gran tazón para mezclar y batir hasta obtener una mezcla granulada.

3. Transfiere la mezcla de avena al molde y hornea durante cuarenta minutos hasta que la mezcla esté dorada. Servir caliente.

Nutrición:

Calorías 824 g

Grasa 15,2 g

Hidratos de carbono 166,6 g

Proteína 16,9 g

Sodio 65 mg

y fruta

Tiempo de preparación: 15 minutos
Tiempo de cocción: 0 minutos
Porciones: 3
Ingredientes:

- 1 taza de quinoa

- 1 taza de avena

- 1/2 taza de higos (secos)

- 1/2 taza de miel

- 1/2 taza de almendras (picadas)

- 1/2 taza de albaricoques (secos)

- 1/2 taza de germen de trigo

- 1/2 taza de piña (seca y picada)

- 1 cucharada de maicena

Instrucciones:

1. Mezcla el fijador en un tazón de mezcla hasta obtener una mezcla bien equilibrada. Ponga la masa en una bandeja o plato de hornear y aplástela. Asegúrese de que la mezcla tenga al menos una pulgada de espesor. Déjela enfriar antes de cortarla en trozos y servir.

Nutrición:

Calorías 766 g

Grasa 15,7 g

Hidratos de carbono 144,2 g

Proteína 22,2 g

Sodio 12 mg.

Pops de colores

Tiempo de preparación: 15 minutos
Tiempo de cocción: 0 minutos
Porciones: 6
Ingredientes:

- 2 tazas de sandía, fresas y melón (en cubitos)

- 2 tazas de jugo de manzana puro

- 2 tazas de arándanos frescos

- 6 palos de artesanía

- 6 vasos de papel

Instrucciones:

1. Mezcla toda la fruta en un tazón de mezcla. Divide la ensalada de frutas en los vasos de papel y vierte el jugo de manzana. Asegúrate de que el jugo de manzana sólo cubra la mitad del vaso de papel. Congele los vasos durante una hora o hasta que estén parcialmente congelados.

2. Quita las tazas y añade los palillos a las tazas, y congélalas durante una hora más. ¡Sírvelas como pops de colores!

Nutrición:
Calorías 83 g
Grasa 0,2 g

Hidratos de carbono 20,8 g
Proteína 0,7 g
Sodio 8 mg.

Receta del pastel de calabaza

Tiempo de preparación: 15 minutos
Tiempo de cocción: 50 minutos
Porciones: 2
Ingredientes:

- 1 taza de chasquidos de jengibre

- 8 onzas de calabaza en lata

- 1/4 de taza de claras de huevo

- 1/4 de taza de eritritol

- 1 cucharadita de especias para pastel de calabaza

- 6 onzas de leche descremada evaporada

- Spray de cocina

Instrucciones:

1. Precaliente el horno a 300 grados Fahrenheit. Engrasar un molde de cristal para pasteles con spray de cocina. Desmoronar los chasquidos de jengibre y darles palmaditas en el molde de vidrio. Mezclar el resto de la fijación en un tazón de mezcla y verterlo en el molde de vidrio preparado.

2. Hornea el plato durante 50 minutos o hasta que un cuchillo insertado en el centro salga limpio. Pasa el molde para pasteles al refrigerador y déjalo enfriar. Servir frío.

Nutrición:
Calorías 792 g

Grasa 16,6 g

Hidratos de carbono 172,7 g

Proteína 20 g

Sodio 1181 mg

Galletas con chispas de chocolate de nuez y avena

Tiempo de preparación: 15 minutos
Tiempo de cocción: 20 minutos
Porciones: 4
Ingredientes:

- 1 taza de copos de avena

- 1/4 de taza de harina para todo uso

- 1/4 de taza de harina de trigo integral para repostería

- 1/2 cucharadita de canela molida

- 1/4 cucharadita de bicarbonato de sodio

- 1/4 cucharadita de sal

- 1/4 de cucharadita de tahini

- 2 cucharadas de mantequilla sin sal (en cubos)

- 1/2 taza de eritritol

- 1/2 taza de jarabe de arce

- 2 huevos (uno entero y uno blanco)

- 1/2 cucharada de extracto de vainilla

- 1/2 taza de chispas de chocolate agridulce

- 1/4 de taza de nueces picadas

Instrucciones:

1. Coloca las rejillas en la parte superior e inferior del horno y precalienta el horno a 300 grados Fahrenheit. Prepare o arregle dos hojas de hornear forradas con papel pergamino. Combinar la avena, la harina de trigo integral, la harina para todo uso, el bicarbonato de sodio, la canela y la sal en un tazón y batir.

2. Bate la mantequilla y el tahini en un gran tazón y mézclalo hasta obtener una pasta. Añade el jarabe de arce y el azúcar granulado al tazón y continúa batiendo hasta obtener una mezcla bien combinada. Tenga en cuenta que la mezcla todavía será ligeramente granulada.

3. Ahora, agregue el extracto de vainilla, la clara de huevo y el huevo entero al tazón y continúe batiendo hasta obtener una mezcla bien combinada.

4. Añade la mezcla de avena, trozos de chocolate y nueces al tazón. Humedezca sus manos ligeramente, enrolle una cucharada de la masa en una pequeña bola, y colóquela en la bandeja de hornear. Aplanen la bola pero asegúrense de que los lados no se rompan. Continúen con la masa restante y dejen al menos un espacio de dos pulgadas entre cada galleta.

5. Hornea las galletas durante veinte minutos o hasta que estén doradas. Enfría las galletas durante dos minutos antes de transferirlas a la rejilla para que se enfríen completamente.

Instrucciones:

Nutrición:

Calorías 530 g

Grasa 14,8 g

Hidratos de carbono 98,6 g

Proteína 10,6 g

Sodio 280 mg.

Dumplings de manzana

Tiempo de preparación: 10 minutos

Hora de cocinar: 30 minutos

Porciones: 6

Ingredientes:

Masa:

- 1 cucharada de mantequilla

- 1 cucharadita de miel

- 1 taza de harina de trigo integral

- 2 cucharadas de harina de sarraceno

- 2 cucharadas de avena enrollada

- 2 cucharadas de brandy o licor de manzana

Relleno de manzana:

- 6 manzanas grandes, cortadas en rodajas finas.

- 1 cucharadita de nuez moscada

- 2 cucharadas de miel

- Cáscara de un limón

Instrucciones:

1. Caliente el horno a 350 grados F. Combine las harinas con la avena, la miel y la mantequilla en un procesador de alimentos. Pulsa esta mezcla unas cuantas veces, y

luego revuélvela en licor de manzana o brandy. Mezclar hasta que se forme una bola. Envuélvala en una lámina de plástico.

2. Refrigerar durante 2 horas. Mezcle las manzanas con miel, nuez moscada y cáscara de limón, y déjelo a un lado. Extienda la masa en una lámina de ¼ pulgadas de espesor. Córtala en círculos de 8 pulgadas y pon una capa de las tazas de panecillos engrasados con los círculos de la masa.

3. Dividir la mezcla de manzanas en los moldes de panecillos y sellar la masa desde la parte superior. Hornee durante 30 minutos a 350 grados F hasta que se dore. Disfrútelo.

Nutrición:

Calorías 178

Grasa 5,7 g

Colesterol 15 mg

Sodio 114 mg

Carbohidratos 12,4 g

Fibra 0.2g

Azúcar 15 g

Proteína 9,1 g

Bayas marinadas en vinagre balsámico

Tiempo de preparación: 10 minutos
Hora de cocinar:
0 minutos
Porciones: 2
Ingredientes:

- 1/4 de taza de vinagre balsámico

- 2 cucharadas de azúcar moreno

- 1 cucharadita de extracto de vainilla

- 1/2 taza de fresas en rodajas

- 1/2 taza de arándanos

- 1/2 taza de frambuesas

- 2 galletas de mantequilla

Instrucciones:

1. Combina el vinagre balsámico, la vainilla y el azúcar moreno en un pequeño tazón. Mezcle las fresas con las frambuesas y los arándanos en un tazón. Vierta la mezcla de vinagre encima y márquelas durante 15 minutos. Servir inmediatamente.

Nutrición:
Calorías 176
Grasa 11,9 g

Colesterol 78 mg
Sodio 79 mg
Carbohidratos 33 g
Fibra 1,1 g
Azúcar 10,3 g
Proteína 13 g

Pasteles de Pudín de Limón

Tiempo de preparación: 10 minutos
Hora de cocinar: 40 minutos
Porciones: 4
Ingredientes:

- 2 huevos

- 1/4 de cucharadita de sal

- 3/4 de taza de azúcar

- 1 taza de leche desnatada

- 1/3 de taza de jugo de limón recién exprimido

- 3 cucharadas de harina para todo uso

- 1 cucharada de cáscara de limón finamente rallada

- 1 cucharada de mantequilla derretida

Instrucciones:

1. Caliente el horno a 350 grados F. Engrase las tazas de natillas con aceite de cocina. Batir las claras de huevo con sal y ¼ taza de azúcar en una batidora hasta que forme picos rígidos. Bate las yemas de huevo con ½ taza de azúcar hasta que se mezclen.

2. Añade el jugo de limón, la leche, la mantequilla, la harina y la cáscara de limón. Mézclelo hasta que esté suave. Añada la mezcla de clara de huevo. Dividir la

masa en los vasos de crema. Hornee durante 40 minutos hasta que se doren por arriba. Servir.

Nutrición:

Calorías 174

Grasa 10.2 g

Colesterol 120 mg

Sodio 176 mg

Carbohidratos 19 g

Fibra 1,9 g

Azúcar 11,4 g

Proteína 12,8 g

Pastel de café de grano entero de bayas mixtas

Tiempo de preparación: 10 minutos
Hora de cocinar: 30 minutos
Porciones: 6
Ingredientes:

- 1/2 taza de leche descremada

- 1 cucharada de vinagre

- 2 cucharadas de aceite de canola

- 1 cucharadita de vainilla

- 1 huevo

- 1/3 de taza de azúcar moreno envasado

- 1 taza de harina de trigo integral.

- 1/2 cucharadita de bicarbonato de sodio

- 1/2 cucharadita de canela molida

- 1/8 cucharadita de sal

- 1 taza de bayas mixtas congeladas

- 1/4 de taza de granola baja en grasa, ligeramente triturada

Instrucciones:

1. Caliente el horno a 350 grados F. Engrase un molde de 8 pulgadas con spray de cocina y espolvoréelo con harina. Combine la leche con la vainilla, el aceite, el vinagre, el azúcar moreno y el huevo hasta que esté suave.

2. Añade bicarbonato de sodio, canela, sal y harina. Mezclar bien. Doblar la mitad de las bayas y transferir la masa a la sartén. Cúbrala con las bayas y la granola. Hornee durante 30 minutos hasta que se doren. Servir.

Nutrición:
Calorías 135
Grasa 24g
Colesterol 61 mg
Sodio 562 mg
Carbohidratos 23 g
Fibra 1,7 g
Azúcar 39 g
Proteína 11g

Crepes de fresas y queso crema

Tiempo de preparación: 10 minutos
Tiempo de cocción: 10 minutos
Porciones: 2
Ingredientes:

- 4 cucharadas de queso crema, suavizado

- 2 cucharadas de azúcar en polvo, tamizadas

- 2 cucharaditas de extracto de vainilla

- 2 crepas preempaquetadas, cada una de unas 8 pulgadas de diámetro

- 8 fresas, descascaradas y cortadas en rodajas

Instrucciones:

1. Ponga el horno a calentar a 325 grados F. Engrase una bandeja de hornear con spray de cocina. Mezclar el queso crema con la vainilla y el azúcar en polvo en una batidora. Esparcir la mezcla de queso crema en cada crepa y cubrirla con 2 cucharadas de fresas.

2. Enrolle las crepas y colóquelas en el plato de hornear. Hornee en 10 minutos hasta que se doren. Adorne como desee. Sirva.

Nutrición:
Calorías 144
Grasa 4,9 g

Colesterol 11 mg

Sodio 13 mg

Carbohidratos 19,3 g

Fibra 1,9 g

Azúcar 9,7 g

Proteína 3,4 g

Panecillos saludables de arándanos y banana

Tiempo de preparación: 30 minutos
Tiempo de cocción: 25 minutos
Porciones: 12
Ingredientes:

- 3/4 de taza de puré de plátano maduro

- 3/4 taza + 2 cucharadas de leche de almendras, sin azúcar.

- 1 cucharadita de vinagre de sidra de manzana

- 1/4 de taza de jarabe de arce puro

- 1 cucharadita de extracto puro de vainilla

- 1/4 de taza de aceite de coco, derretido

- 1/2 cucharadita de bicarbonato de sodio

- 2 cucharaditas de polvo de hornear

- 4 cucharadas de azúcar de coco

- 1 1/2 cucharaditas de canela

- 2 tazas de harina de espelta blanca

- 1 1/4 tazas de arándanos

- 1/2 taza de mitades de nuez, picadas

Instrucciones:

1. Prepara un molde de 12 magdalenas forrado con los revestimientos de las magdalenas y precalienta el horno a 3500F. En un tazón grande, bata los plátanos bien triturados, la leche de almendra, el vinagre, el jarabe de arce, la vainilla, el aceite de coco derretido, el bicarbonato de sodio, el polvo de hornear, el azúcar de coco y la canela.

2. Bátalo bien hasta que se incorpore completamente. Doblar la harina de escanda. Añada los arándanos y las mitades de nuez. Divida la masa en moldes para panecillos preparados. Hornee en 25 minutos. Enfriar completamente. Servir.

Nutrición:
Calorías: 226,5
Proteína: 5g
Carbohidratos: 33.4g
Grasa: 8.1g
Sodio: 67mg

Barra de frambuesa agria

Tiempo de preparación: 50 minutos
Tiempo de cocción: 45 minutos
Porciones: 9
Ingredientes:

- 1/2 taza de almendras enteras tostadas

- 1 3/4 tazas de harina de trigo integral

- 1/4 cucharadita de sal

- 3/4 de taza de mantequilla fría, sin sal, cortada en cubos

- 3 cucharadas de agua fría, o más si es necesario.

- 1/2 taza de azúcar granulada

- Frambuesas frescas de 18 onzas

Instrucciones:

1. Pulsa las almendras con un procesador de alimentos hasta que estén picadas en trozos grandes. Pásalas a un tazón. Añada harina y sal en el procesador de alimentos y pulse hasta que se combinen un poco. Ponga la mantequilla, luego pulse hasta que tenga una masa gruesa. Divida la masa en dos tazones.

2. En el primer tazón de bateo, amasar bien hasta formar una bola. Envuélvala en papel de aluminio, aplástela un

poco y déjela enfriar durante una hora para que sea fácil de manejar. En el segundo tazón de masa, agreguen azúcar. En un movimiento de pellizco, pellizque la masa para formar grupos de estrellitas. Poner a un lado.

3. Cuando esté listo para hornear, calienta el horno a 3750F y engrasa ligeramente un molde de 8x8 pulgadas con spray de cocina. Descarta el papel de aluminio y presiona la masa de manera uniforme en el fondo del molde, hasta una pulgada por los lados del molde, asegurándote de que todo esté cubierto de masa.

4. Frambuesas uniformemente esparcidas. Cubrir con streusel. Hornee en 45 minutos. Sacar del horno y enfriar dentro de 20 minutos antes de cortar en 9 barras iguales. Sirva y disfrute o guarde en un recipiente con tapa durante 10 días en la nevera.

Nutrición:
Calorías: 235,7
Proteína: 4.4g
Carbohidratos: 29.1g
Grasa: 11.3g
Sodio: 73mg

Tarta de hoja de fresa fácil

Tiempo de preparación: 1 hora
Tiempo de cocción: 60 minutos
Porciones: 16
Ingredientes:

- 9 cucharadas de mantequilla sin sal

- 3/4 de cucharadita de sal

- 1 1/2 tazas de azúcar granulada, dividida

- 1 huevo grande

- 1 yema de huevo grande

- 1 1/2 cucharaditas de extracto de vainilla

- 3/4 de taza de leche baja en grasa

- 2 1/4 cucharaditas de polvo de hornear

- 2 1/4 tazas de harina de trigo integral

- 1 1/2 libras de fresa fresca y un poco madura, descascarada y cortada por la mitad.

Instrucciones:

1. Engrasó un molde de 9x13 pulgadas con spray de cocina y precalentó el horno a 3500F. Quita 3 cucharadas de azúcar y ponlas a un lado. En una licuadora, mezclar bien la mantequilla, la sal, el azúcar, el huevo, la yema

de huevo, el extracto de vainilla, la leche y el polvo de hornear hasta que esté suave y cremoso.

2. Añade la harina y mézclala hasta que esté bien incorporada. Raspar los lados de la licuadora y mezclar una vez más. Vierta la masa de manera uniforme en el molde preparado. Esparcir uniformemente las fresas cortadas por la mitad sobre la masa. Espolvoree las 3 cucharadas de azúcar reservadas sobre las fresas.

3. Mételo en el horno y hornea en 45 minutos o hasta que se dore. Sacar del horno y enfriar dentro de 20 minutos antes de cortar en 16 piezas iguales. Servir.

Nutrición:
Calorías: 182.4
Proteína: 5g
Carbohidratos: 25.3g
Grasa: 6.8g
Sodio: 163mg

y zanahoria

Tiempo de preparación: 10 minutos
Tiempo de cocción: 0 minutos
Porciones: 16
Ingredientes:

- 3/4 de taza de zanahoria, pelada y finamente desmenuzada

- 1 taza de dátiles Medjool envasados, deshuesados

- 1 ¾ tazas de nueces crudas

- 3/4 cucharadita de canela molida

- 1/2 cucharadita de jengibre molido

- 1 pizca de nuez moscada molida

- 2 cucharaditas de extracto de vainilla

- 5 cucharadas de harina de almendra

- 1/4 de taza de pasas de uva

- ¼ taza de copos de coco desecado

Instrucciones:

1. En un procesador de alimentos, procesa las fechas hasta que se agrupan. Se transfiere a un tazón. En el mismo procesador de alimentos, procesa nueces, canela,

jengibre y nuez moscada. Procese hasta que se parezca a una comida fina.

2. Añade los dátiles procesados, el extracto, la harina de almendras y las zanahorias ralladas. Pulsa hasta que formes una masa suelta pero no blanda. No pulses demasiado. Transfiera a un tazón.

3. Pulsa el coco disecado en escamas más pequeñas y transfiérelo a un pequeño plato. Divide la masa de zanahoria en 4 y luego divide cada parte en 4 para hacer un total de 16 bolas del mismo tamaño. Enrollarlas en los copos de coco, colocarlas en un recipiente con tapa y refrigerarlas durante 2 horas antes de disfrutarlas.

Nutrición:
Calorías: 77.9
Proteína: 1,5 g
Carbohidratos: 3.8g
Grasa: 6.3g
Sodio: 8mg

Banana Delight

Tiempo de preparación: 15 minutos
Tiempo de cocción: 12 minutos
Porciones: 4
Ingredientes:

- 1 cucharada de polvo de hornear sin sodio

- 1 cucharada de azúcar

- 1 taza de harina

- 1 cucharada de aceite

- ¼ sustituto de la taza de huevo

- ½ cucharadita de nuez moscada

- 1 taza de plátano (picado)

- 1 cucharada de aceite

- ½ taza de leche desnatada

Instrucciones:

1. En un tazón, mezclar y revolver el polvo de hornear, el azúcar y la harina. Mezclar el aceite, el huevo y la leche, luego agregar la nuez moscada y el plátano en un tazón separado. Añada la mezcla al tazón de los ingredientes secos.

2. En una sartén caliente, deja caer sólo una cucharada y
   fríe durante 2 o 3 minutos. Esperar hasta que esté
   dorada, luego escurrir y servir.

Nutrición:

Calorías: 210,1

Proteína: 5.7g

Carbohidratos: 37.6g

Grasa: 4.1g

Sodio: 141mg

y chocolate

Tiempo de preparación: 10 minutos

Tiempo de cocción: 0 minutos

Porciones: 4

Ingredientes:

- 3 plátanos medianos, pelados y congelados

- 3 cucharadas de polvo de cacao sin azúcar

- 1/2 cucharadita de extracto de menta

Instrucciones:

1. Poner todo el arreglo en una licuadora y hacer un puré hasta que se parezca a un helado de servicio suave. Dividirlo uniformemente en 4 tazones. Servir y disfrutar

Nutrición:

Calorías: 88

Proteína: 1,7g

Carbohidratos: 22.6g

Grasa: 0.8g

Sodio: 2.0 mg

Mousse de chocolate saludable

Tiempo de preparación: 10 minutos
Tiempo de cocción: 0 minutos
Porciones: 4
Ingredientes:

- 1 aguacate grande y maduro

- 1/4 de taza de leche de almendras azucaradas

- 1 cucharada de aceite de coco

- 1/4 de taza de cacao o cacao en polvo

- 1 cucharadita de extracto de vainilla

Instrucciones:

1. Procesa todo el arreglo usando un procesador de alimentos hasta que esté suave y cremoso. Enfríese dentro de las 4 horas. Sirva y disfrute.

Nutrición:
Calorías: 125
Proteína: 1,2 g
Carbohidratos: 6.9g
Grasa: 11.0g
Sodio: 22.0 mg

Pudín de arroz con almendras

Tiempo de preparación: 25 minutos
Tiempo de cocción: 20 minutos
Porciones: 6
Ingredientes:

- 3 tazas de leche al 1%.

- 1 taza de arroz blanco

- 1/4 de taza de azúcar

- 1 cucharadita de vainilla

- 1/4 de cucharadita de extracto de almendra

- Canela

- 1/4 de taza de almendras tostadas

Instrucciones:

1. Mezcla la leche con el arroz en una cacerola mediana. Llévalos a hervir. Reduzca el fuego y cocine a fuego lento durante 20 minutos con la tapa puesta hasta que el arroz esté blando.

2. Quita, luego pon el azúcar, la vainilla, el extracto de almendra y la canela. Ponga las almendras tostadas encima, y sírvalas calientes.

Nutrición:
Calorías 180

Grasa 1,5 g

Hidratos de carbono 36 g

Proteína 7 g

Fibra 1 g

Sodio 65 mg

Potasio 1 mg

y crema

Tiempo de preparación: 10 minutos
Tiempo de cocción: 0 minutos
Porciones: 4
Ingredientes:

- 2 tazas de helado de vainilla bajo en grasa

- 1 taza de salsa de manzana

- 1/4 de cucharadita de canela molida

- 1 taza de leche descremada sin grasa

Instrucciones:

1. En un recipiente de licuadora, combine el helado bajo en grasa, la compota de manzana y la canela. Cúbralo y bátalo hasta que esté suave. Añada la leche descremada sin grasa. Cúbrala y bátala hasta que se mezcle. Viértalo en vasos. Servir inmediatamente.

Nutrición:
Calorías 160
Grasa 3 g
Hidratos de carbono 27 g
Proteína 6 g
Fibra 1 g
Sodio 80 mg.
Potasio 46 mg

Manzanas rellenas al horno

Tiempo de preparación: 10 minutos
Tiempo de cocción: 8 minutos
Porciones: 4
Ingredientes:

- 4 manzanas de Jonagold

- 1/4 de taza de coco en copos

- 1/4 de taza de albaricoques secos picados

- 2 cucharaditas de cáscara de naranja rallada

- 1/2 taza de jugo de naranja

- 2 cucharadas de azúcar moreno

Instrucciones:

1. Pela las manzanas 1/3, luego ahueca el centro con un cuchillo. Colóquelas, con el extremo pelado hacia arriba, en una bandeja de hornear para microondas. Combine el coco, los albaricoques y la cáscara de naranja. Dividir para llenar los centros de las manzanas de manera uniforme.

2. Mezcla el jugo de naranja con el azúcar moreno y ponlo sobre las manzanas. Poner en el microondas a alta potencia en 8 minutos o hasta que las manzanas estén tiernas. Enfriar antes de servir.

Nutrición:
Calorías 192
Grasa 2 g

Hidratos de carbono 46 g

Proteína 1 g

Fibra 6 g

Sodio 19 mg.

Batido de zanahoria y pastel

Tiempo de preparación: 5 minutos
Tiempo de cocción: 0 minuto
Porciones: 2
Ingredientes:

- 1 plátano congelado, pelado y cortado en cubitos

- 1 taza de zanahorias, cortadas en cubos (peladas si se prefiere)

- 1 taza de leche descremada o baja en grasa

- ½ copa de hielo

- ¼ taza de piña cortada en cubitos, congelada

- ½ cucharadita de canela molida

- Pellizcar la nuez moscada

- ½ taza de yogur griego de vainilla sin grasa o bajo en grasa

- Aderezos opcionales: nueces picadas, zanahorias ralladas

Instrucciones:

1. Añade todos los fijadores listados a una licuadora y procesa hasta que esté suave y cremoso. Sirva inmediatamente con los aderezos opcionales que desee.

Nutrición:
Calorías: 180
Grasa: 1 g
Colesterol: 5 mg
Sodio: 114 mg
Carbohidratos: 36 g
Fibra: 4 g
Azúcar: 25 g
Proteína: 10 g

Manzanas horneadas con canela fácil

Tiempo de preparación: 5 minutos
Tiempo de cocción: 45 minutos
Porciones: 4
Ingredientes:

- 4 manzanas, sin corazón, peladas y cortadas en rodajas finas.

- ½ cucharada de canela molida

- ¼ taza de azúcar moreno

- ¼ cucharadita de nuez moscada molida

- Opcional: 2 cucharaditas de jugo de limón recién exprimido.

Instrucciones:

1. Precaliente el horno a 375°F. Coloca las manzanas en un tazón y mezcla suavemente todos los demás ingredientes. Ponga las manzanas en una cacerola antiadherente.

2. Hornee en 45 minutos, revolviendo al menos una vez cada 15 minutos. Una vez que estén blandos, cocínelos durante unos minutos más para espesar la salsa de canela. Servir.

Nutrición:
Calorías: 117

Grasa: 1 g
Sodio: 4 mg
Carbohidratos: 34 g
Fibra: 5 g
Azúcar: 28 g
Proteína: 0 g

Pastel de chocolate en una taza

Tiempo de preparación: 5 minutos
Tiempo de cocción: 1 minuto
Porciones: 1
Ingredientes:

- 3 cucharadas de harina blanca de trigo integral

- 2 cucharadas de cacao en polvo sin azúcar

- 2 cucharaditas de azúcar

- 1/8 de cucharadita de polvo de hornear

- 1 clara de huevo

- ½ cucharadita de aceite de oliva

- 3 cucharadas de leche descremada o baja en grasa

- ½ cucharadita de extracto de vainilla

- Spray de cocina

Instrucciones:
1. Coloca la harina, el cacao, el azúcar y el polvo de hornear en un tazón pequeño y bátelo hasta que se mezclen. Luego agregue la clara de huevo, el aceite de oliva, la leche y el extracto de vainilla, y mezcle hasta que se mezclen.

2. Engrasar una taza con spray de cocina y verter la masa en la taza. Poner en el microondas en alto durante 60 segundos o hasta que esté listo. Servir.

Nutrición:

Calorías: 217

Grasa: 4 g

Colesterol: 1 mg

Sodio: 139 mg

Carbohidratos: 35 g

Fibra: 7 g

Azúcar: 12 g

Proteína: 11 g

Helado de mantequilla de maní y plátano.

Tiempo de preparación: 10 minutos
Tiempo de cocción: 0 minuto
Porciones: 4
Ingredientes:

- 2 cucharadas de mantequilla de maní

- 4 plátanos, muy maduros, pelados y cortados en anillos de ½ pulgadas

Instrucciones:

1. En una gran hoja o plato para hornear, extienda las rodajas de plátano en una capa uniforme. Congelar durante 1 o 2 horas. Haga un puré con el plátano congelado hasta que forme una mezcla suave y cremosa en un procesador de alimentos o una licuadora, raspando el tazón según sea necesario.

2. Añade la mantequilla de cacahuete, haciéndola puré hasta que se mezcle. Para obtener una consistencia de helado suave, sírvelo inmediatamente. Para una consistencia más dura, coloque el helado en el congelador durante unas horas antes de servirlo.

Nutrición:
Calorías: 153
Grasa: 4 g

Sodio: 4 mg
Carbohidratos: 29 g
Fibra: 4 g
Azúcar: 15 g
Proteína: 3 g

Mousse de crema de plátano y anacardo

Tiempo de preparación: 55 minutos
Tiempo de cocción: 0 minuto
Porciones: 2
Ingredientes:

- ½ taza de anacardos, pre-remojados

- 1 cucharada de miel

- 1 cucharadita de extracto de vainilla

- 1 taza de yogur griego sin grasa.

- 1 plátano grande, cortado en rodajas (reserva 4 rodajas para la guarnición)

Instrucciones:

1. Ponga los anacardos en su pequeño tazón, y luego cúbralos con una taza de agua. Sumérjalos a temperatura ambiente en 2 o 3 horas. Escúrralos, enjuáguelos y déjelos a un lado. Coloca la miel, el extracto de vainilla, los anacardos y los plátanos en una licuadora o procesador de alimentos.

2. Mezclar hasta que esté suave. Ponga la mezcla en un tazón mediano. Añade el yogur y mézclalo bien. Cúbrelo, y luego enfríalo en 45 minutos. Ponga la mousse en 2 tazones de servir. Adorne cada uno con 2 rebanadas de plátano.

Nutrición:
Calorías: 329
Grasa: 14 g

Sodio: 64 mg
Carbohidratos: 37 g
Fibra: 3 g
Azúcar: 24 g
Proteína: 17 g

Ciruelas a la parrilla con yogur helado de vainilla

Tiempo de preparación: 10 minutos
Tiempo de cocción: 15 minutos
Porciones: 4
Ingredientes:

- 4 ciruelas grandes, cortadas por la mitad y sin hueso

- 1 cucharada de aceite de oliva

- 1 cucharada de miel

- 1 cucharadita de canela molida

- 2 tazas de yogurt congelado de vainilla.

Instrucciones:

1. Precaliente la parrilla a fuego medio. Cepille las mitades de las ciruelas con aceite de oliva. Ase, con la carne hacia abajo, por 4 o 5 minutos, luego déle la vuelta y cocine por otros 4 o 5 minutos, hasta que estén tiernas.

2. Mezclar la miel con la canela en un tazón pequeño. Poner el yogur congelado en 4 tazones. Coloca dos mitades de ciruela en cada tazón y rocía cada una con la mezcla de canela y miel.

Nutrición:
Calorías: 192
Grasa: 8 g

Sodio: 63 mg
Carbohidratos: 30 g
Fibra: 1 g
Azúcar: 28 g
Proteína: 3 g

Crema "Niza" de cereza y lima.

Tiempo de preparación: 10 minutos

Tiempo de cocción: 15 minutos

Porciones: 4

Ingredientes:

- 4 plátanos congelados, pelados

- 1 taza de cerezas dulces oscuras congeladas

- La cáscara y el jugo de una lima, divididos

- ½ cucharadita de extracto de vainilla

- ¼ cucharadita de sal kosher o sal marina

Instrucciones:

1. Mezcla el preparado en un procesador de alimentos y disfruta de una delicia congelada. Coloca los plátanos, cerezas, jugo de lima, extracto de vainilla y sal en un procesador de alimentos y haz un puré hasta que esté suave, raspando los lados según sea necesario.

2. Pasa la crema "agradable" a los tazones y cubre con la cáscara de limón. Para las sobras, coloque la "buena" crema en recipientes herméticos y guárdelos en el congelador hasta un mes. Deje descongelar durante 30 minutos, hasta que alcance una textura de helado suave.

Nutrición:

Calorías: 150
Grasa: 0 g
Sodio: 147 mg
Carbohidratos: 37 g
Fibra: 4 g
Azúcar: 21 g
Proteína: 2 g

Galletas de avena con chispas de chocolate oscuro y mantequilla de maní.

Tiempo de preparación: 15 minutos

Tiempo de cocción: 10 minutos

Porciones: 24

Ingredientes:

- 1½ tazas de mantequilla de maní cremosa natural

- ½ taza de azúcar morena oscura

- 2 huevos grandes

- 1 taza de avena enrollada a la antigua.

- 1 cucharadita de bicarbonato de sodio

- ½ cucharadita de sal kosher o sal marina

- ½ taza de chispas de chocolate negro

Instrucciones:

1. Precaliente el horno a 350°F. Forrar una hoja de hornear con papel de pergamino. Bate la mantequilla de maní en el tazón de una batidora hasta que esté muy suave. Continuar batiendo y añadir el azúcar moreno, y luego un huevo a la vez, hasta que esté esponjoso.

2. Añade la avena, el bicarbonato de sodio y la sal hasta que se combinen. Doblar las pepitas de chocolate negro. Poner la masa de galletas en la bandeja de hornear, con

una separación de 2 pulgadas. Hornee dentro de 8 a 10 minutos, dependiendo de su nivel de preparación preferido.

Nutrición:
Calorías: 152
Grasa: 10 g
Sodio: 131 mg
Carbohidratos: 12 g
Fibra: 2 g
Azúcar: 8 g
Proteína: 4 g

Pastelitos de melocotón

Tiempo de preparación: 25 minutos
Tiempo de cocción: 25 minutos
Porciones: 12
Ingredientes:
Para el desmoronamiento:

- 2 cucharadas de azúcar moreno oscuro

- 1 cucharada de miel

- 1 cucharadita de canela molida

- 2 cucharadas de aceite de canola

- ½ taza de avena enrollada a la antigua

Para las magdalenas de melocotón:

- 1 cucharadita de polvo de hornear

- 1 cucharadita de bicarbonato de sodio

- 1 cucharadita de canela molida

- ½ cucharadita de jengibre molido

- ½ cucharadita de sal kosher o sal marina

- ¼ taza de aceite de canola

- ¼ taza de azúcar morena oscura

- 2 huevos grandes

- 1½ cucharaditas de extracto de vainilla

- ¼ taza de yogur griego sin grasa

- 3 melocotones, cortados en dados (sobre las tazas de 1½)

- 1¾ tazas de harina de trigo integral o harina de pastelería de trigo integral

Instrucciones:

1. En un pequeño tazón, mezclar el azúcar moreno, la miel, la canela, el aceite de canola y la avena hasta que se combinen para el desmenuzamiento. Para los panecillos, mezclar la harina, el polvo de hornear, el bicarbonato de sodio, la canela, el jengibre y la sal en un tazón grande.

2. Bata el aceite de canola, el azúcar moreno y un huevo a la vez en un tazón separado, usando una batidora de mano hasta que esté esponjoso. Bata el extracto de vainilla y el yogur. Poner la mezcla de harina en el tazón y batir hasta que los ingredientes estén bien combinados.

3. Dobla los melocotones cortados en dados con una espátula. Precalentar el horno a 425°F. Engrasar un molde de panecillos de 12 tazas con los revestimientos de los panecillos. Llenar bien cada muffin con la masa alrededor de tres cuartos del camino. Poner la masa desmenuzable encima de cada uno.

4. Hornee durante 5 o 6 minutos, luego reduzca la temperatura del horno a 350°F y hornee de 15 a 18

minutos adicionales. Enfríese antes de sacarlo del molde de los panecillos. Una vez completamente enfriado, servir.

Nutrición:
Calorías: 187
Grasa: 8 g
Sodio: 216 mg
Carbohidratos: 26 g
Fibra: 3 g
Azúcar: 10 g
Proteína: 4 g

Mantequilla de cacahuete Mordiscos de pan de plátano

Tiempo de preparación: 10 minutos
Tiempo de cocción: 20 minutos
Porciones: 24
Ingredientes:

- 1½ tazas de harina de trigo integral

- 2 cucharadas de linaza molida

- 1 cucharadita de polvo de hornear

- ½ cucharadita de sal kosher o sal marina

- ½ cucharadita de canela molida

- 3 plátanos maduros, pelados

- 2 huevos grandes

- 2 cucharadas de aceite de canola

- ½ taza de azúcar morena oscura

- 2 cucharadas de miel

- ½ taza de mantequilla de maní cremosa natural

- ¼ taza de yogur griego sin grasa

- 1 cucharadita de extracto de vainilla

- ¼ taza de cacahuetes tostados sin sal, aplastados

Instrucciones:

1. Precaliente el horno a 350°F. Engrasar un mini molde de panecillos de 24 tazas con spray de cocina. En un tazón, bata la harina, la linaza, el polvo de hornear, la sal y la canela. Bate los plátanos en un tazón separado con una batidora manual a baja temperatura.

2. Añade los huevos, de uno en uno, y luego añade el aceite de canola, el azúcar moreno y la miel. Ajustar la velocidad a media y batir hasta que esté esponjoso. Añada la mantequilla de cacahuete, el yogur griego y el extracto de vainilla y mézclelos hasta que se combinen. Baje la velocidad a baja, luego bata la mezcla de ingredientes secos hasta que se combinen.

3. Ponga la mezcla en cada uno de los pozos de panecillos a unos tres cuartos del camino. Golpéenla en el mostrador hasta que la masa se distribuya uniformemente.

4. Cúbrelo con los cacahuetes aplastados. Hornee en 20 minutos, hasta que un palillo insertado en el centro de un bocado, salga limpio. Deje reposar en la encimera hasta que se enfríe. Retire los mordiscos del molde de panecillos. Servir.

Nutrición:

Calorías: 123

Grasa: 5 g

Sodio: 81 mg

Carbohidratos: 17 g

Fibra: 2 g
Azúcar: 8 g
Proteína: 3 g

Ambrosía de almendra tostada

Tiempo de preparación: 10 minutos
Tiempo de cocción: 20 minutos
Porciones: 2
Ingredientes:

- ½ Taza de almendras, cortadas

- ½ Copa Coco, rallado y sin azúcar

- 3 tazas de piña en cubo

- 5 Naranjas, segmento

- 2 manzanas rojas, sin corazón y en cubitos

- 2 cucharadas de crema de jerez

- Hojas de menta, frescas para adornar

- 1 Plátano, cortado por la mitad a lo largo, pelado y rebanado

Instrucciones:

1. Empieza por calentar el horno a 325, y luego saca una bandeja de hornear. Ase las almendras durante diez minutos, asegurándose de que estén repartidas uniformemente. Pásalas a un plato y luego tuesta tu coco en la misma bandeja para hornear.

2. Tostadas durante diez minutos. Mezcla tu plátano, jerez, naranjas, manzanas y piña en un tazón. Divida la

mezcla, no sirva los tazones y cubra con coco y almendras. Adorne con menta antes de servir.

Nutrición:

Calorías: 177

Grasa: 4,9 g

Sodio: 13 mg

Carbohidratos: 36 g

Fibra: 0 g

Azúcar: 0 g

Proteína: 3,4 g

Biscotti de albaricoque

Tiempo de preparación: 10 minutos
Tiempo de cocción: 50 minutos
Porciones: 4
Ingredientes:

- 2 cucharadas de miel, oscuro

- 2 cucharadas de aceite de oliva

- ½ Cucharadita de extracto de almendra

- ¼ Taza de almendras, picadas en bruto

- 2/3 taza de albaricoques, secos

- 2 cucharadas de leche, 1% y baja en grasa

- 2 Huevos, batido ligeramente

- ¾ Taza de harina integral

- ¾ Taza de harina para todo uso

- ¼ Taza de azúcar moreno, envasado firme

- 1 cucharadita de polvo de hornear

Instrucciones:

1. Empieza calentando el horno a 350, luego mezcla el polvo de hornear, el azúcar moreno y las harinas en un tazón. Bata el aceite de canola, los huevos, el extracto de almendra, la miel y la leche. Mezcle hasta que se forme

una masa suave. Incorporar los albaricoques y las almendras.

2. Ponga su masa en un envoltorio plástico y luego extiéndala a un rectángulo de doce pulgadas de largo y tres pulgadas de ancho. Ponga esta masa en una bandeja de hornear, y hornee durante veinticinco minutos. Debería volverse marrón dorado. Déjela enfriar, córtela en rebanadas de ½ pulgadas de grosor, y luego hornee por otros quince minutos. Debería estar crujiente.

Nutrición:
Calorías: 291
Grasa: 2 g
Sodio: 123 mg
Carbohidratos: 12 g
Fibra: 0 g
Azúcar: 0 g
Proteína: 2 g

Cobbler de manzana y bayas

Tiempo de preparación: 10 minutos
Tiempo de cocción: 40 minutos
Porciones: 4
Ingredientes:
Relleno:

- 1 taza de arándanos, frescos

- 2 tazas de manzanas, picadas

- 1 taza de frambuesas frescas

- 2 cucharadas de azúcar moreno

- 1 cucharadita de cáscara de limón

- 2 cucharaditas de jugo de limón, fresco

- ½ Cucharadita de canela molida

- 1 ½ Cucharadas de almidón de maíz

Topping:

- ¾ Taza de harina integral de trigo

- 1 ½ Cucharada de azúcar moreno

- ½ Cucharadita de extracto de vainilla, puro

- ¼ Taza de leche de soja

- ¼ Cucharadita de sal marina, bien

- 1 clara de huevo

Instrucciones:

1. Ponga su horno a 350, y saque seis pequeños recipientes. Engrásenlos con spray de cocina. Mezclar el jugo de limón, la cáscara de limón, los arándanos, el azúcar, la canela, las frambuesas y las manzanas en un tazón. Añada la maicena y mezcle hasta que se disuelva.

2. Bate la clara de huevo en otro recipiente, batiéndola con azúcar, vainilla, leche de soja y harina de pastelería. Dividir la mezcla de bayas entre los moldes y cubrir con la vainilla. Poner los moldes en una bandeja de hornear, horneando durante 30 minutos. La parte superior debe estar dorada antes de servir.

Nutrición:

Calorías: 131

Grasa: 0 g

Sodio: 14 mg

Carbohidratos: 13,8 g

Fibra: 0 g

Azúcar: 0 g

Proteína: 7,2 g

Vasos de compuesto de frutas mixtas

Tiempo de preparación: 5 minutos
Tiempo de cocción: 15 minutos
Porciones: 2
Ingredientes:

- 1 ¼ Taza de agua

- ½ Taza de jugo de naranja

- 12 onzas de fruta seca mixta

- 1 cucharadita de canela molida

- ¼ Cucharadita de jengibre molido

- ¼ Cucharadita de nuez moscada molida

- 4 tazas de yogur congelado de vainilla, sin grasa

Instrucciones:

1. Mezcla tu fruta seca, nuez moscada, canela, agua, jugo de naranja y jengibre en una cacerola. Cúbrela y déjala cocinarse a fuego medio durante diez minutos. Retire la tapa y luego cocine por otros diez minutos. Añada su yogur congelado a las tazas de servir, y cúbralo con la mezcla de frutas.

Nutrición:
Calorías: 228
Grasa: 5,7 g

Colesterol: 15 mg
Sodio: 114 mg
Carbohidratos: 12,4 g
Fibra: 0 g
Azúcar: 0 g
Proteína: 9,1 g

Plan de comidas de 7 días

Día	Desayuno	Almuerzo	Snack	Cena	Postre
1	Waffles de arándanos	Pechuga de pollo cremosa	Ajo Cottage Cheese Crispy	Cóctel de camarones	Batido de remolacha y bayas
2	Panqueques de manzana	Estofado de pollo indio	Bombas de grasa de limón	Ensalada de quinoa y vieiras	Explosión de bayas
3	Granola Súper-Simple	Mezcla de pollo, bambú y castañas	Mordiscos de atún de aguacate	Ensalada de calamares y camarones	Galletas de avena y fruta
4	Tazones de yogur salado	Sopa de tomate	Macarrones con queso falsos	Cóctel de mariscos con perejil	Pops de colores
5	Muffins de energía del amanecer	Sopa de bacalao	Mordeduras de palomitas de maíz del Mediterráneo	Sopa de camarones con fruta	Receta del pastel de calabaza
6	Quesadillas de espinaca, huevo y queso para el desayuno	Bistec de salmón de almuerzo fácil	Bolas de almendra y tomate	Estofado de pescado	Dumplings de manzana
7	Tortillas simples de queso y brócoli	Ensalada balsámica ligera	Nueces de mantequilla de corazón...	Mezcla de perejil y bacalao	Pastel de Pudín de Limón

Conclusión

¡Felicidades! ¡Hasta aquí en tu viaje DASH y adoptando la dieta Dash como la mejor!

La dieta Dash ha ganado popularidad en los últimos años, ya que es beneficiosa para fortalecer el metabolismo y controlar la hipertensión. Contrariamente a la creencia popular de que mientras se sigue la dieta Dash, uno puede comer alimentos vegetarianos mientras se lleva una dieta equilibrada que incluye frutas frescas, vegetales, nueces, productos lácteos bajos en grasa y granos enteros. No es necesario reducir la carne, sino el contenido de sodio y grasa de la dieta diaria.

La dieta también tiene muchos beneficios para la salud, ya que ayuda a reducir la hipertensión y la obesidad, a disminuir la osteoporosis y a prevenir el cáncer. Esta dieta bien equilibrada refuerza el metabolismo, lo que ayuda aún más a descomponer los depósitos de grasa almacenados en el cuerpo. Como resultado, mejora y potencia la salud general de la persona.

Este libro de cocina le ha proporcionado diferentes comidas de Dash desde el desayuno, almuerzo, cena, platos principales, guarniciones, pescado y marisco, aves, verduras, sopas, ensaladas, aperitivos y postres. Sin embargo, puede consultar a los expertos si sufre de problemas de salud actuales o sigue ciertas rutinas de ejercicio, ya que esto le ayudará a personalizar la dieta según sus necesidades.

Esta dieta es fácil de seguir ya que se llega a todo, pero de una manera más saludable y en cantidad limitada. Hablar de la dieta DASH fuera de la teoría y más en la práctica revela su eficiencia como dieta. Además del exceso de investigación y experimentos, las verdaderas razones para que la gente busque esta dieta son sus características específicas. Da la sensación de facilidad y conveniencia, haciendo que los usuarios se sientan más cómodos con sus normas y reglamentos.

Aquí están las siguientes razones por las que la Dieta DASH funciona de manera asombrosa:

Fácil de adoptar: La amplia gama de opciones disponibles bajo la etiqueta de la dieta DASH la hace más flexible para todos. Es la razón por la que la gente encuentra más fácil cambiar y aprovechar sus verdaderos beneficios para la salud. Hace que la adaptabilidad sea más fácil para sus usuarios.

Promueve el ejercicio: Es más eficaz que todos los demás factores porque no sólo se centra en los alimentos y su ingesta, sino que también hace hincapié en los ejercicios diarios y las actividades físicas rutinarias. Es la razón por la que produce resultados rápidos y visibles.

Todo incluido: Con algunas limitaciones, esta dieta ha tomado cada alimento en su pliegue con ciertas modificaciones. Guía correctamente sobre lo que se debe y no se debe hacer con todos los ingredientes y nos impide consumir aquellos que son dañinos para el cuerpo y su salud.

Un enfoque bien equilibrado: Una de sus ventajas más significativas es que mantiene el equilibrio en nuestra dieta, en nuestra rutina, nuestra ingesta calórica y nuestra nutrición.

Chequeo calórico satisfactorio: Cada comida que planeamos en la dieta DASH está precalculada en términos de calorías. Podemos llevar un control de la ingesta calórica diaria y, en consecuencia, restringirla fácilmente cortando ciertos alimentos.

Prohíbe la comida mala: La dieta DASH sugiere usar más comida orgánica y fresca y desalienta el uso de comida procesada y artículos basura disponibles en las tiendas. Por lo tanto, crea mejores hábitos alimenticios en los usuarios.

Centrado en la prevención: Aunque se ha demostrado que es una cura para muchas enfermedades, se describe más bien como una estrategia preventiva.

Cambios lentos pero progresivos: La dieta no es muy restrictiva y se adapta a los cambios graduales hacia el logro del objetivo final de salud. Puede establecer sus objetivos diarios, semanales o incluso mensuales a su conveniencia.

Efectos a largo plazo: Los resultados de la dieta DASH no sólo son increíbles, sino que también son duraderos. Se considera que su progreso es lento, pero los efectos duran más tiempo.

Acelera el metabolismo: La dieta DASH puede activar nuestro metabolismo e impulsarlo para un mejor funcionamiento del cuerpo.

¿Todo esto os halaga? Por supuesto que sí. Así que, empiecen a cocinar ahora, y seamos todos más saludables y felices.

Lightning Source UK Ltd.
Milton Keynes UK
UKHW021821160421
382091UK00005B/69